Saucen – ganz leicht und ohne Blubb

Ohne Sauce fehlt was – ganz klar. Aber: Viele Saucen sind ganz schön »pfundig« ... Wie wär's mit neuen, leichten Saucen und Dips – mit mehr Geschmack als Kalorien? Hier finden Sie raffiniert verschlankte Klassiker und Neues wie Erbsen-Minze-Sauce oder fruchtig-scharfe Melonensauce. Und damit die Sößchen eine besonders gute Figur abgeben, gibt es zu jedem ein passendes, leckeres Rezept. Alles genau richtig zum unbeschwerten Dippen, Stippen und Auslöffeln bis zum letzten Tropfen!

W0297716

NÜTZLICHES SAUCEN-WISSEN

	SEITE
KLEINE SAUCEN-KUNDE	04
SCHNELL ZU FLEISCH	06
DER SUPERSCHNELLE KLASSIKER	09
IMPRESSUM	46
ÜBER DEN TELLERRAND	48

TOTAL SEITENZAHL 49

AUF DEM TITELBILD SEHEN SIE DIE REZEPTE ERBSEN-MINZE-SAUCE MIT PASTIS, ROTE-BETE-SAUCE MIT WALNÜSSEN UND MELONENSAUCE

KLASSIKER MAL ABGESPECKT

	SEITE
RUCOLA-PETERSILIEN-PESTO MIT PAPRIKA	11
PILZSAUCE MIT ROSMARIN	12
SAFRAN-ZWIEBELSAUCE MIT ORANGENSAFT	15
LEICHTE GRÜNE SAUCE	16
SPINATCREME MIT FRISCHKÄSE	19
GURKEN-MÖHREN-TSATSIKI	20

TOTAL REZEPTE 6

SCHLANKE REZEPTE MIT VOLLEM GESCHMACK

HEISSE TRENDSAUCEN

	SEITE
CURRYSAUCE MIT KOKOSMILCH	23
PAPRIKACREME MIT THYMIAN	25
ERBSEN-MINZE-SAUCE MIT PASTIS	26
ROTE-BETE-SAUCE MIT WALNÜSSEN	29
SÜSS-SAURE GEMÜSESAUCE	30
MELONENSAUCE	32

TOTAL REZEPTE 6

COOLE DIP-NEWS

	SEITE
AUBERGINEN-JOGHURT-DIP	35
GRÜNER KARTOFFELDIP	36
FORELLEN-BIRNEN-DIP MIT WASABI	39
LINSENDIP MIT INGWER UND KÜRBIS	40
SCHARFER GRÜNER KRÄUTERDIP	42
SOMMERGEMÜSE-DIP MIT PARMESAN	44

TOTAL REZEPTE 6

FRISCH EINGETROFFEN

DAS MACHT SAUCEN SCHLANK UND LECKER

WAS MACHT SAUCEN EIGENTLICH ZU DICKMACHERN?

MUSS ICH DESHALB »TROCKEN« ESSEN?

WIE MACHE ICH SAUCEN NOCH LEICHTER?

GIBT ES DENN NOCH MEHR SCHLANKE SAUCENTRENDS?

MUSS ICH MIR DANN EXTRA-ZUTATEN KAUFEN?

Streng genommen alles, was Saucen »dick« macht; also fast alle Bindemittel, durch die Saucen und Tunken so schön sämig und dickflüssig daherkommen. Angefangen von Mehl oder Stärke bis zu Eigelb (z. B. in Mayonnaise oder Hollandaise). Oder Butter (damit »montieren« Profis hauptsächlich Bratensaucen zu schmelzenden Sößchen) und die Cremig-Macher wie Sahne, Crème fraîche und Co. Mit hohem Fettanteil verleihen sie Saucen und Dips schöne Konsistenz und bringen zusätzlichen Geschmack. Leider aber sorgt Fett nicht nur für Aroma, sondern verursacht auch unliebsame Hüftpölsterchen.

Keineswegs – aber man sollte seinen Saucen eine kleine Schlankheitskur verordnen. Oft hilft schon ein wenig Reduktion: Also nur ein paar Esslöffel Sahne nehmen statt einem ganzen Becher oder statt besonders fetter Crème fraîche oder gar Crème double fettärmere Produkte wie Crème légère; anstelle von Schmand saure Sahne oder auch mal Joghurt. Damit die Sauce dann aber nicht zu »trocken« wird, sollte immer ein Glas fertiger Fond oder gekörnte Instantbrühe im Schrank stehen. Damit lässt sich ganz leicht ein Teil Sahne ersetzen.

Mit frischem Gemüse oder Früchten werden Saucen nicht nur leichter, sondern auch noch richtig gesund. Und ein Pürierstab wirkt hier wahre Wunder: Mit ihm lassen sich in null Komma nichts herrlich cremige Gemüsesaucen zaubern. Klein geschnittenes, in Brühe gegartes Gemüse und eventuell eine paar Kartoffelstücke für zusätzliche Bindung sind die beste Grundlage für aromatische Gemüsesaucen. Da dürfen dann auch ein Löffelchen Olivenöl oder ein paar Nüsse für Aroma sorgen, ohne den Kalorienrahmen ganz zu sprengen.

Ja! Die schlanke Küche Asiens macht's vor: Saucen können auch anders aussehen. Frische, superwürzige Dips und Salsas mit jeder Menge Grün, mal chili-scharf oder auch süßlich fruchtig. Da steckt jede Menge Aroma drin, das kein Fett braucht.

Eigentlich nicht. Ganz nach der Devise Fett raus und frisches Aroma rein, sollten Kräuter wie Basilikum, Petersilie und eventuell Koriander ab sofort im Topf auf der Fensterbank stehen – nicht zuletzt, um mit ein paar Blättchen eine fertige Sauce abzurunden. Ansonsten verhelfen ein gut sortiertes Gewürzregal, Senf, Meerrettich und frische Zitronen zu würzigen Kicks – alles, was auch sonst in keiner guten Küche fehlen sollte.

DIE PERFEKTE LEICHTE SAUCE ZUM STEAK

Zu Steak oder einem anderen kurz gebratenen Fleischstück gehört einfach eine Bratensauce. Und die ist superleicht – wenn man einen feinen Würzfond hat.

2 Filetsteaks (à ca. 180 g) ++ 2 EL Olivenöl oder Butterschmalz ++ Salz ++ Pfeffer
1/2 TL Tomatenmark ++ 150 ml Würzfond (s. Rezept rechts) ++ 3 EL Sahne

Für 2 Personen | Zubereitung **10 Min.** | Pro Person ca. **290 kcal, 39 g EW, 12 g F, 1 g KH**

Die Steaks trocken tupfen. Das Öl oder Schmalz in einer Pfanne richtig heiß werden lassen. Die Steaks einlegen und pro Seite 1 Min. anbraten, dann bei mittlerer Hitze weitere 2–3 Min. pro Seite braten. Mit Salz und Pfeffer würzen, aus der Pfanne nehmen und in Alufolie wickeln. Das Fett aus der Pfanne gießen. Pfanne zurück auf den Herd stellen, das Tomatenmark einrühren und ca. 1/2 Min. anrösten, dann den Gewürzfond dazugießen. Bei starker Hitze 1–2 Min. einkochen, bis sich der Bratenansatz gelöst hat. Die Sahne dazugeben und ganz kurz bis zur gewünschten Konsistenz einkochen lassen. Eventuell mit Salz und Pfeffer würzen.

EINFACHER WÜRZFOND

je 1 Zweig Rosmarin und Thymian ++ 1 kleine Zwiebel ++ 1/2 Lorbeerblatt
1 Stück Bio-Orangenschale ++ 300 ml Rinderfond (aus dem Glas) ++ 80 ml Sherry (Amontillado; ersatzweise Orangensaft) ++ Salz ++ Pfeffer

Für ca. 150 ml Würzfond | Zubereitung **20 Min.** | Pro Person ca. **125 kcal, 2 g EW, 1 g F, 4 g KH**

Rosmarin und Thymian waschen. Die Zwiebel quer halbieren und auf den Schnittflächen in einen Topf legen. Den Topf erhitzen und die Zwiebel anrösten, bis die Schnittflächen dunkel gebräunt sind. Kräuter, Lorbeerblatt und Orangenschale mit dem Fond und dem Sherry dazugeben. Bei starker Hitze aufkochen lassen. Dann offen bei mittlerer Hitze in 8–10 Min. auf knapp die Hälfte einkochen lassen. Durch ein Sieb abgießen.

TOMATENSAUCE

IMMER WIEDER NEU UND GUT

In Italien weiß es eh schon jeder – nichts geht über eine leichte Tomatensauce. Das Tolle dabei: Mit den unterschiedlichsten Zutaten lässt sie sich endlos peppen.

1 DER KLASSIKER gelingt ganz leicht mit aromatischen Dosentomaten. 1 kleine Zwiebel und 1 Knoblauchzehe schälen und fein würfeln. 1 EL Olivenöl in einem Topf erhitzen und Zwiebel und Knoblauch darin glasig dünsten. 1 kleine Dose Pizza-Tomaten (400 g) dazugeben. Wer will, gibt noch ein paar Schluck Weißwein (ca. 50 ml) oder 1 EL Zitronensaft dazu. Alles offen bei schwacher Hitze ca. 30 Min. kochen lassen, bis die Sauce leicht eindickt. Nicht vergessen, immer wieder umzurühren. Mit Salz, Pfeffer und eventuell 1 Prise Zucker würzen und nach Wunsch pürieren. Zum Servieren gehören dann unbedingt ein paar Streifen Basilikum drauf!
Die Sauce passt ideal zu allen Nudelsorten, aber auch zu Fleisch oder Fisch.

2 THUNFISCH-PETERSILIEN-SAUCE Die Tomatensauce wie beschrieben zubereiten und leicht kochen lassen. Währenddessen 1 EL Kapern und 1 in Salz eingelegtes Sardellenfilet fein hacken. Beides 5–10 Min. vor Garzeitende unter die Sauce mischen. 1 Dose Thunfisch im eigenen Saft (Abtropfgewicht ca. 165 g) abgießen, den Thunfisch mit einer Gabel grob zerpflücken 1/2 Bund glatte Petersilie waschen, trocken schütteln, harte Stiele wegschneiden und die Blätter klein schneiden. Beides unter die fertige Sauce rühren und kurz darin erwärmen.

3 TOMATEN-ZUCCHINI-SAUCE Die Tomatensauce wie beschrieben zubereiten und leicht kochen lassen. Währenddessen 1 Zucchino waschen, putzen, längs vierteln und in kleine Würfel schneiden. 1 Knoblauchzehe schälen und fein würfeln. 1 EL Olivenöl in einer beschichteten Pfanne erhitzen, darin die Zucchiniwürfel mit dem Knoblauch ca. 5 Min. unter Rühren braten. Mit 3 EL Weißwein ablöschen und mit 1/2 TL Kräutern der Provence, Salz und Pfeffer würzen. 5 Min. vor Garzeitende unter die Sauce mischen, kochen lassen und mit Kräutern der Provence abschmecken. Wer ein paar Kalorien mehr nicht scheut, schneidet noch 5 schwarze Oliven dazu.

4 LEICHTE BOLOGNESE 1 Stange Staudensellerie putzen und 1 Möhre sowie 1 kleine Zwiebel und 1 Knoblauchzehe schälen und möglichst fein würfeln. 1 EL Olivenöl erhitzen und alles darin andünsten. 150 g Tatar dazugeben und unter Rühren krümelig braten. Mit Salz, Pfeffer, 1 Prise Chilipulver und 1/2 TL getrocknetem Oregano würzen. 100 ml Rinderbrühe und 1 kleine Dose Pizza-Tomaten (400 g) dazugeben. Zugedeckt bei schwacher Hitze 30–35 Min. kochen.

4
3
1
2

KLASSIKER MAL ABGESPECKT

kommt kalt daher

RUCOLA-PETERSILIEN-PESTO
MIT PAPRIKA

1 Scheibe Vollkorntoast ++ 1 TL gemahlene Mandeln ++ 1 grüne Paprikaschote ++ je ca. 50 g Rucola und Petersilie ++ 1 Knoblauchzehe ++ 1 TL Kapern ++ 1 1/2 EL Olivenöl ++ 1 EL Zitronensaft ++ 5–6 EL Apfelsaft ++ 1 TL geriebener Parmesan ++ Salz ++ Pfeffer

Für 2 Personen | Zubereitung **15 Min.** | Pro Person ca. **155 kcal, 5 g EW, 10 g F, 13 g KH**

1 Den Toast fein würfeln und mit den Mandeln in einer Pfanne ohne Fett rösten, bis die Mischung hell bräunt, dann abkühlen lassen. Die Paprikaschote halbieren, putzen, waschen und würfeln. Die Kräuter waschen, trocken schütteln und grob hacken. Den Knoblauch schälen und zerteilen.

2 Alles mit den Kapern, dem Öl, dem Zitronen- und Apfelsaft im Mixer zu einer cremigen Paste pürieren. Den Parmesan unterheben und mit Salz und Pfeffer abschmecken.

Passt zu Nudeln, gekochtem Tafelspitz, gebratenem Hähnchenfleisch und zu **Ofen-Feta:** Dazu 150 g Schafkäse in Scheiben schneiden, in eine ofenfeste Form schichten, mit 1–2 EL Olivenöl beträufeln und leicht pfeffern. Im auf 200° vorgeheizten Ofen (Mitte, Umluft 180°) ca. 5 Min. backen. Heiß mit dem Pesto beträufeln und servieren.

mit viel Aroma

PILZSAUCE
MIT ROSMARIN

1 Tomate
20 g getrocknete Steinpilze
250 g gemischte frische Pilze (oder Champignons)
1 kleiner Zweig Rosmarin
1 Zwiebel
1 TL Olivenöl
Salz | Pfeffer
1/4 l Gemüsefond (oder Pilzfond aus dem Glas)
2 EL saure Sahne
1 TL Weinbrand (nach Belieben)

Für 2 Personen | Zubereitung **35 Min.** | Pro Person ca. **85 kcal, 6 g EW, 5 g F, 3 g KH**

1 Die Tomate waschen und kreuzweise einschneiden. Etwa 1 l Wasser erhitzen. Die getrockneten Pilze in eine Schüssel legen und kochend heißes Wasser darübergießen. Die Tomate in das restliche Wasser legen. Pilze stehen lassen, die Tomate nach 1–2 Minuten herausnehmen.

2 Die frischen Pilze putzen und in Scheiben oder Streifen schneiden. Die Haut der Tomate abziehen, Tomate klein würfeln. Den Rosmarin waschen, die Nadeln abzupfen und fein hacken. Die Zwiebel schälen und fein würfeln. Die eingeweichten Steinpilze abgießen und fein hacken.

3 Das Öl erhitzen, die Zwiebel darin andünsten. Die frischen Pilze und den Rosmarin 3 Min. mitbraten, salzen und pfeffern. Tomate, Steinpilze und Fond unterrühren und die Pilzsauce bei schwacher Hitze offen in ca. 12 Min. einkochen lassen. Sahne und Weinbrand einrühren, auf dem Herd noch 1 Min. ziehen lassen.

Die feine Sauce **passt zu** kurz gebratenem Wild oder Steak oder aber zu **Nuss-Spätzle.** Dazu 400 g Spätzle aus dem Kühlregal nach Packungsangabe garen. 2 EL Butter in einem Pfännchen aufschäumen lassen. Darin 3 EL Haselnussblättchen hell bräunen. Mit den abgegossenen Spätzle mischen und mit Sauce servieren.

WELCHE PILZE KANN MAN DENN NEHMEN?

Ideal sind Pfifferlinge und Steinpilze, aber auch Austernpilze und Shiitake-Pilze passen gut.

SAFRAN-ZWIEBEL-SAUCE

braucht etwas Zeit

MIT ORANGENSAFT

200 g Zwiebeln
3 Zweige Thymian
1 EL Olivenöl
1 EL Aceto balsamico bianco
120 ml frisch gepresster Orangensaft
180 ml Hühnerbrühe
1 Msp. gemahlener Safran
Salz | Pfeffer

Für 2 Personen | Zubereitung **45 Min.** | Pro Person ca. **130 kcal, 8 g EW, 6 g F, 10 g KH**

1 Die Zwiebeln schälen und so fein wie möglich würfeln. Den Thymian waschen, trocken schütteln, die Blättchen abstreifen und fein hacken.

2 Das Öl in einem Topf erhitzen, die Zwiebeln darin bei mittlerer Hitze andünsten, ohne dass sie bräunen. Mit Essig und 2–3 EL Orangensaft ablöschen und die Flüssigkeit verkochen lassen. Den übrigen Saft und die Brühe angießen, Safran und Thymian unterrühren. Zugedeckt bei schwacher bis mittlerer Hitze 30–35 Min. garen, bis die Zwiebeln weich sind. Mit Salz und Pfeffer würzen.

Passt zu dunklem, gebratenem Fleisch und Wild. Ideal zu **Orangen-Entenbrust.** 1 Entenbrustfilet (350 g) mit dem Saft von 2 Orangen in einen Gefrierbeutel geben und über Nacht in den Kühlschrank stellen. Das Fleisch dann trocken tupfen, salzen und pfeffern. Auf die Haut in eine heiße Pfanne legen und 8 Min. braten, wenden und 5 Min. braten. Vor dem Anschneiden kurz ruhen lassen.

LEICHTE GRÜNE SAUCE

klassisch frisch

1 Ei
1 kleines Bund Kräuter für Frankfurter Grüne Sauce (ca. 70 g)
1 TL Weißweinessig
1/2 TL scharfer Senf
2 EL saure Sahne
150 g Joghurt
Salz | Pfeffer
1 Prise Zucker

Für 2 Personen | Zubereitung **20 Min.** | Ruhezeit **1 Std.**
Pro Person ca. **105 kcal, 8 g EW, 5 g F, 7 g KH**

1 Das Ei in Wasser in 10 Min. hart kochen, kalt abschrecken und abkühlen lassen. Inzwischen die Kräuter waschen, trocken schütteln und möglichst fein hacken.

2 Das Ei pellen, halbieren und das Eigelb vom Eiweiß trennen. Das Eigelb durch ein feines Sieb streichen oder mit einer Gabel ganz fein zermusen. Dann mit Essig, Senf und saurer Sahne gut verrühren. Joghurt und Kräuter unterrühren. Das Eiweiß fein hacken und unterrühren. Die Sauce mit Salz, Pfeffer und Zucker würzen und möglichst noch 1 Std. ziehen lassen.

Passt klassisch zu Pellkartoffeln mit hart gekochten Eiern oder zu Tafelspitz. Oder aber mal zu **gedünstetem Lachs.** Dazu 200 ml Fischfond, 150 ml Weißwein und 1 TL Zitronensaft mit 2 Thymianzweigen aufkochen. Die Hitze reduzieren und 2 Lachsfiletstücke (ohne Haut, à ca. 150 g) einlegen. Zugedeckt bei schwacher Hitze in 12–15 Min. gar ziehen lassen. Mit der Sauce servieren.

WELCHE KRÄUTER NEHME ICH AM BESTEN?

Hier hat jede Frankfurter Hausfrau ihre genaue Vorstellung. Traditionell sind es aber: Schnittlauch, Kerbel, Borretsch, Sauerampfer, Pimpinelle, eventuell Petersilie, Garten- oder Brunnenkresse.

BRAUN
600 Watt turbo

gemüsig grün

SPINATCREME
MIT FRISCHKÄSE

100 g Zucchini
250 g junger Spinat
(frisch oder TK-Blattspinat)
1 kleine Zwiebel
1 EL Olivenöl
125 ml Gemüsebrühe
1 Stängel Estragon
4 Stängel Dill
1 EL Frischkäse (16 % Fett absolut)
2 EL Joghurt
Salz | Pfeffer
frisch geriebene Muskatnuss

Für 2 Personen | Zubereitung **35 Min.** | Pro Person ca. **95 kcal, 6 g EW, 6 g F, 5 g KH**

1 Die Zucchini waschen, putzen und auf der Rohkostreibe grob raspeln. Den Spinat waschen, verlesen und trocken tupfen (TK-Spinat antauen lassen). Die Zwiebel schälen und fein würfeln. Das Öl in einem Topf erhitzen, Zwiebel und Zucchini darin bei mittlerer Hitze ca. 5 Min. dünsten. Spinat und Brühe dazugeben und offen bei starker Hitze 5 Min. kochen lassen.

2 Inzwischen die Kräuter waschen, trocken schütteln und fein hacken. Unter die Spinatmasse rühren, 1 Min. mitkochen. Den Topf vom Herd nehmen, Frischkäse und Joghurt unterrühren und alles mit dem Pürierstab cremig pürieren. Eventuell nochmal erhitzen, aber nicht mehr kochen und mit Salz, Pfeffer und Muskatnuss würzen.

Schmeckt zu gedünstetem Fisch oder hart gekochten Eiern, aber auch zu **Schinken-Rührei.** Dazu 4 Eier aufschlagen und mit Salz, Pfeffer und 1 Prise edelsüßem Paprika verquirlen. 4 Scheiben gekochten Schinken fein würfeln und unterrühren. 1 EL Butter in einer beschichteten Pfanne erhitzen, die Eimasse dazugießen. Sobald das Ei zu stocken beginnt, mit einem Holzlöffel immer wieder zusammenschieben, bis alles leicht gestockt ist.

MÖHREN-GURKEN-TSATSIKI

sommerlich

1 kleine Möhre (ca. 50 g)
1 EL Zitronensaft
Salz | Pfeffer
1 Stück Salatgurke (ca. 80 g)
1 Frühlingszwiebel
4 Stängel Dill
40 g Schafkäse (Feta)
80 g Joghurt
1 EL Ajvar (türkische Paprikapaste aus dem Glas)

Für 2 Personen | Zubereitung **20 Min.** | Pro Person ca. **75 kcal, 6 g EW, 4 g F, 5 g KH**

1 Die Möhre schälen und auf einer Rohkostreibe fein raspeln. Mit Zitronensaft mischen, salzen, pfeffern, etwas zusammendrücken und 10 Min. ziehen lassen.

2 Inzwischen die Gurke schälen und fein würfeln. Die Frühlingszwiebel waschen, putzen und mit dem Grün in dünne Ringe schneiden. Den Dill waschen, trocken schütteln und die Spitzen fein hacken. Den Käse mit einer Gabel fein zerdrücken und mit dem Joghurt und Ajvar gut mischen. Möhre, Gurke, Zwiebel und Dill unterrühren und das Tsatsiki mit Salz und Pfeffer abschmecken.

Schmeckt mit Rohkost oder Brot zum Dippen oder **zu Sesam-Kartoffeln.** Dazu 500 g junge, kleine, fest kochende Kartoffeln gründlich waschen und halbieren. Schnittflächen mit etwas Olivenöl bepinseln und mit 3 EL Sesamsamen, grobem Meersalz und Pfeffer bestreuen. Mit der Schnittseite nach unten auf ein eingeöltes Blech legen und im auf 200° vorgeheizten Backofen (Mitte, Umluft nicht empfehlenswert) 40–50 Min. garen.

HEISSE TREND-SAUCEN

exotisch fruchtig

CURRYSAUCE
MIT KOKOSMILCH

1 Stück Lauch (ca. 40 g) ++ 1/2 saurer Apfel ++ 1/2 Banane ++ 6 Kaffirlimettenblätter 180 g passierte Tomaten (aus dem Tetrapak) ++ 1/2 TL rote Thai-Currypaste ++ 4–5 EL Kokosmilch ++ Salz ++ 1–2 EL frisch gepresster Limettensaft

Für 2 Personen | Zubereitung **30 Min.** | Pro Person ca. **70 kcal, 2 g EW, 1 g F, 14 g KH**

1 Den Lauch längs vierteln, waschen und klein schneiden. Den Apfel klein würfeln, dabei das Kerngehäuse entfernen, die Banane schälen und würfeln. Die Limettenblätter waschen und entlang der Blattrippen halbieren, diese entfernen, dann die Blätter in feine Streifen schneiden.

2 Alles mit Tomaten und Currypaste in einem Topf unter gelegentlichem Rühren aufkochen, dann bei schwacher Hitze zugedeckt 15–20 Min. kochen lassen. Kokosmilch einrühren und mit Salz und Limettensaft abschmecken. Mit dem Pürierstab pürieren und servieren.

Passt zu gebratenem Fisch oder Geflügel mit Reis, besonders zu **Bananenreis.** Dazu 3 EL Kokosflocken in 1 EL Butter hell rösten, 150 g Reis unterrühren und 300 ml Wasser dazugießen. Alles salzen und einmal aufkochen lassen. Dann zugedeckt bei ganz schwacher Hitze 20–25 Min. garen. 1 1/2 Bananen schälen und in Scheiben schneiden. 2 EL Butter in einer Pfanne erhitzen und die Scheiben darin bei schwacher Hitze 3–5 Min. braten. Mit dem Saft und der Schale von 1 Bio-Zitrone unter den fertigen Reis heben.

PAPRIKACREME
MIT THYMIAN

schmeckt nach Fiesta

2 rote Paprikaschoten
6 Kirschtomaten
1 Knoblauchzehe
1 Zweig Thymian
1 TL Olivenöl
Salz | Pfeffer
2 Sardellen (in Salz eingelegt)
150 ml Gemüsebrühe

Für 2 Personen | Zubereitung **45 Min.** | Pro Person ca. **70 kcal, 4 g EW, 4 g F, 5 g KH**

1 Den Backofengrill vorheizen. Die Paprikaschoten vierteln, putzen und mit den Schnittflächen nach unten auf ein Backblech legen. Die Tomaten waschen, halbieren und mit der Schnittfläche nach oben dazulegen. Den Knoblauch schälen und durchpressen. Den Thymian waschen, die Blättchen abstreifen und hacken. Beides auf den Tomaten verteilen, mit Öl beträufeln, salzen und pfeffern. Das Blech unter den Grill schieben und alles rösten, bis die Paprika schwarze Flecke bekommen. Achtung: Das Gemüse im Auge behalten, damit es nicht verbrennt! Das Blech herausnehmen. Die Paprika in einen Gefrierbeutel geben, diesen zudrehen und kurz stehen lassen.

2 Die Paprikaschoten häuten. Die Sardellen hacken und mit den Tomaten zur Paprika geben. Die Brühe aufkochen. Das Gemüse mit dem Pürierstab pürieren, dabei nach und nach Brühe dazugießen, bis eine cremige Sauce entstanden ist, eventuell salzen und pfeffern.

Passt zu Grillfleisch und Fisch, besonders gut zu **Zitronen-Thunfisch.** Die Blättchen von 1 Zweig Thymian fein hacken und mit der abgeriebenen Schale von 1/2 Bio-Zitrone und 2 EL Olivenöl mischen. 2 Thunfischsteaks (à 150 g) damit bepinseln und 1 Std. marinieren. Salzen, pfeffern und in einer Grillpfanne auf jeder Seite 4–5 Min. braten.

ERBSEN-MINZE-SAUCE
MIT PASTIS

frühlings-mild

2 Frühlingszwiebeln
1 TL Olivenöl
250 g TK-Erbsen
180 ml Gemüsebrühe
Salz | weißer Pfeffer
frisch geriebene Muskatnuss
1 EL Zitronensaft
1–2 EL Pastis (frz. Anisschnaps)
2 EL Sahne
12 frische Minzeblätter

Für 2 Personen | Zubereitung **20 Min.** | Pro Person ca. **155 kcal, 7 g EW, 6 g F, 18 g KH**

1 Die Frühlingszwiebeln waschen, putzen und fein hacken. Das Öl in einem Topf heiß werden lassen und die Zwiebeln darin andünsten. Erbsen und Brühe dazugeben. Aufkochen lassen, mit Salz, Pfeffer und Muskat würzen und zugedeckt bei mittlerer Hitze 8 Min. kochen lassen. Den Zitronensaft, 1 EL Pastis und die Sahne einrühren, 1 Min. weiterkochen lassen.

2 Inzwischen die Minze waschen, trocken schütteln, grob hacken und zur Sauce geben. Probieren, vielleicht noch etwas Pastis dazugeben. Alles mit dem Pürierstab schaumig pürieren. Eventuell nochmal mit Salz und Pfeffer abschmecken.

Die Sauce **schmeckt zu** gebratenen Kalbsschnitzelchen oder Lachs, zu gedünstetem Gemüse und zu **Schinkenspargel.** Dazu 600 g Spargel waschen, schälen und die Enden abschneiden. In einem breiten Topf Salzwasser mit 1 TL Butter aufkochen, den Spargel einlegen und zugedeckt bei mittlerer Hitze in 12–15 Min. garen. Den Spargel abgießen, je 3 Stangen in 1 Scheibe gekochten Schinken wickeln und mit der Erbsensauce übergießen.

PASTIS - WAS IST DAS EIGENTLICH?

Ein französischer Anisschnaps wie z. B. Pernod – vergleichbar mit dem griechischen Ouzo oder dem türkischen Raki.

SOLINGEN

ROTE-BETE-SAUCE MIT WALNÜSSEN

kräftig aromatisch

250 g vorgegarte Rote Beten (vakuumverpackt)
1/4 l Gemüsebrühe
1/2 Lorbeerblatt
1 Msp. getrockneter Majoran
1 EL Weißweinessig
2 EL Walnusskerne
5 Stängel Basilikum
2 EL Crème légère (15 % Fett)
Salz | Pfeffer

Für 2 Personen | Zubereitung **25 Min.** | Pro Person ca. **130 kcal, 4 g EW, 9 g F, 9 g KH**

1 Die Roten Beten in Würfelchen schneiden. Die Brühe mit dem Lorbeerblatt und Majoran aufkochen und 3 Min. kochen lassen. Die Roten Beten in die Brühe geben und bei schwacher Hitze zugedeckt 5 Min. kochen lassen. Den Essig dazugießen und weitere 2 Min. garen.

2 Inzwischen die Walnüsse grob hacken. Das Basilikum waschen, die Blättchen abzupfen und fein hacken. Das Lorbeerblatt aus der Brühe fischen. Die Walnüsse dazugeben und alles im Topf fein pürieren. Crème légère und Basilikum unterrühren, mit Salz und Pfeffer würzen.

Die Sauce **schmeckt zu** Hackbällchen, Vollkornnudeln oder zu **Quarkkartoffeln aus dem Ofen.** Dazu 4 große, frisch gekochte Pellkartoffeln (mehlig kochend) ausdampfen lassen und längs halbieren. Das Innere bis auf einen Rand aus den Hälften kratzen und mit einer Gabel zerdrücken. 3 EL Quark mit 1 Eigelb und 2 EL Schnittlauchröllchen verrühren. Kartoffelmus unterheben, alles salzen, pfeffern und in die Kartoffeln füllen. Kartoffeln in eine ofenfeste Form setzen und im auf 200° vorgeheizten Ofen (Mitte, Umluft 180°) ca. 25 Min. backen.

schmeckt nach Asien

SÜSS-SAURE GEMÜSESAUCE

1 Möhre
1 Stück Lauch (ca. 50 g)
10 Zuckerschoten
(gibt's im Asienladen immer)
1 Stück frischer Ingwer (ca. 2 cm)
1 frische rote Chilischote
1 TL Sonnenblumenöl
2 EL Sojasauce
80 ml frisch gepresster Orangensaft
1/2–1 TL Zucker
3 EL Weißweinessig
1–2 EL Ketchup
Salz

Für 2 Personen | Zubereitung **25 Min.** | Pro Person ca. **100 kcal, 3 g EW, 3 g F, 16 g KH**

1 Das Gemüse waschen; die Möhre schälen, den Lauch und die Zuckerschoten putzen. Alles in schmale, dünne Streifen oder Stifte (Julienne) schneiden. Den Ingwer schälen, die Chilischote halbieren und entkernen, dann beides fein würfeln.

2 Das Öl in einem Topf oder Wok erhitzen. Gemüse, Ingwer und Chili hineingeben und unter Rühren bei starker Hitze 1 Min. anbraten. Erst die Sojasauce dazugeben, dann Orangensaft, Zucker, Essig und Ketchup unterrühren und offen bei mittlerer Hitze 3–5 Min. kochen lassen. Eventuell mit Salz würzen.

Die Sauce **schmeckt zu** gebratenem Schweineschnitzel oder Fischfilet, mit Glasnudeln oder **Eierreis.** Dazu in einer Pfanne oder dem Wok 2 EL Öl heiß werden lassen, 2 gut verquirlte Eier, 400 g gegarten abgekühlten Reis (z. B. Rest vom Vortag), 4 in Streifen geschnittene Scheiben gekochten Schinken und 1 EL Sojasauce hineingeben und sofort verrühren. 3–5 Min. unter Rühren braten, bis das Ei fest ist.

MELONENSAUCE

Chili-scharf

1 kleine, reife Charentaismelone
1 Schalotte
1 TL Butter
1/2–1 TL Zucker
70 ml Weißwein
1 EL frisch gepresster Limettensaft
1 TL Sweet-Chili-Sauce (Asia-Regal)
2 Msp. Currypulver

Für 2 Personen | Zubereitung **25 Min.** | Pro Person ca. **140 kcal, 2 g EW, 4 g F, 24 g KH**

1 Die Melone halbieren, die Kerne mit einem Löffel herauskratzen, die Schale wegschneiden. Das Fruchtfleisch – es sollten ca. 300 g sein – zerschneiden und mit dem Pürierstab pürieren.

2 Die Schalotte schälen und fein würfeln. Die Butter in einem Topf erhitzen, die Schalotte darin andünsten. Den Zucker darüberstreuen und bei mittlerer Hitze karamellisieren lassen. Wein und Limettensaft dazugießen und offen 5 Min. kochen lassen. Sweet-Chili-Sauce, Currypulver und Melonenpüree dazugeben und 3 Min. mitkochen. Eventuell noch mal mit Zucker abschmecken.

Die Sauce **passt zu** gegrilltem oder gebratenem Fisch oder zu **Garnelenspießen.** Dazu 1 EL fein gehacktes Koriandergrün mit 2 EL Olivenöl verrühren, 12 rohe Garnelen ohne Schale darin wenden. Den unteren Teil von 4 Frühlingszwiebeln in 3 gleich große Stücke schneiden und abwechselnd mit 8 Kirschtomaten und den Garnelen auf 4–6 Spieße stecken. Eine Grillpfanne mit 1 EL Olivenöl bepinseln und erhitzen. Im heißen Olivenöl die Spieße auf jeder Seite ca. 3 Min. braten und mit der Melonensauce servieren.

COOLE DIP-NEWS

mediterran

AUBERGINEN-JOGHURT-DIP

1 Knoblauchzehe ++ 1 kleine Aubergine (ca. 300 g) ++ 1 TL Olivenöl ++ 1 Tomate ++ 8 Stängel Petersilie ++ 1 EL Zitronensaft ++ 2 EL Joghurt ++ 1/2 TL gemahlener Kreuzkümmel ++ 1 Msp. Chilipulver ++ Salz

Für 2 Personen | Zubereitung **1 Std.** | Pro Person ca. **60 kcal, 3 g EW, 3 g F, 5 g KH**

1 Den Backofen auf 220° vorheizen. Den Knoblauch schälen und durchpressen. Die Aubergine waschen und halbieren, die Schnittflächen mit Öl bepinseln und mit Knoblauch einreiben. Auf den Backrost ein Stück Alufolie legen. Die Auberginenhälften aufeinanderlegen und auf den Rost setzen. Im Ofen (Mitte, Umluft 200°) in 30–40 Min. weich garen. Die Aubergine abkühlen lassen.

2 Inzwischen die Tomate waschen und klein würfeln, dabei den Stielansatz entfernen. Die Petersilie waschen, trocken schütteln und hacken. Das Auberginenfleisch aus der Schale kratzen, zerkleinern und mit Zitronensaft pürieren. Joghurt, Tomate und Petersilie unterrühren und mit den Gewürzen abschmecken.

Der Dip **schmeckt zu** Fladenbrot und **scharfen Lammkoteletts:** 1 Knoblauchzehe durchpressen, mit 10 klein gehackten Rosmarinnadeln, 1/2 TL grob gemahlenem Pfeffer und 2 EL Olivenöl mischen. 4 Lammkoteletts vom Rücken (à ca. 100 g) darin 3 Std. marinieren. Dann in einer Grillpfanne auf jeder Seite ca. 3 Min. braten.

wie im Orient

GRÜNER KARTOFFELDIP

200 g mehlig kochende Kartoffeln (2–3 gleich große Stücke)
1 rote Zwiebel
1 Knoblauchzehe
1/2 Bund Petersilie
1/4 Bund Koriandergrün
1 EL Olivenöl
3 EL fettarmer Joghurt
je 1/2 TL Kurkumapulver, gemahlener Kreuzkümmel und edelsüßes Paprikapulver
Salz | Pfeffer

Für 2 Personen | Zubereitung **50 Min.** | Pro Person ca. **120 kcal, 3 g EW, 5 g F, 15 g KH**

1 Die Kartoffeln waschen und in einen Topf mit Wasser geben. Zugedeckt bei mittlerer Hitze in 20–25 Min. gar kochen (zum Test mit einer Gabel einstechen). Abgießen und ausdampfen lassen. Inzwischen Zwiebel und Knoblauch schälen und getrennt fein würfeln. Petersilie und Koriander waschen, trocken tupfen und hacken. Die Hälfte der Kräuter mit Knoblauch, Olivenöl und Joghurt mit dem Pürierstab pürieren, dann die Gewürze unterrühren.

2 Die Kartoffeln noch warm pellen und durch die Kartoffelpresse drücken oder mit einer Gabel fein zermusen. Den gewürzten Joghurt, Zwiebel und die übrigen Kräuter mit den Kartoffeln mischen. Wer's cremiger mag, rührt etwas Wasser unter. Mit Salz und Pfeffer würzen.

Schmeckt super zu Fladenbrot, vor allem zu **Würzfladenbrot.** Dazu 1/2 türkisches Fladenbrot in 4 cm breite Streifen schneiden. 4 EL Olivenöl mit 1 durchgepressten Knoblauchzehe, je 1/2 TL gemahlenem Kreuzkümmel und Koriander, zerriebenem, getrocknetem Thymian und 1–2 Prisen Salz verrühren. Die Brote auf den Schnittflächen damit bestreichen, auf ein Blech legen und im auf 220° vorgeheizten Ofen (Mitte Umluft 200°) in ca. 5 Min. knusprig backen.

WARUM BRAUCHE ICH HIER MEHLIG KOCHENDE KARTOFFELN?

Im Gegensatz zu fest kochenden zerfallen die gleichmäßiger und nehmen den Joghurt besser auf.

FORELLEN-BIRNEN-DIP
MIT WASABI

Japan-Style

150 g geräuchertes Forellenfilet
1/2 reife Birne | 1 TL Zitronensaft
2 EL fettarmer Joghurt
1 EL Crème légère
1 TL Wasabi (jap. Meerrettich aus der Tube)
Salz | Pfeffer
1/2 Beet Gartenkresse

Für 2 Personen | Zubereitung **15 Min.**
Pro Person ca. **140 kcal, 18 g EW, 5 g F, 5 g KH**

1 Das Forellenfilet in Stücke zupfen (falls nötig, Haut und Gräten entfernen). Die Birne waschen, schalen und das Kerngehäuse wegschneiden. Das Fruchtfleisch würfeln und mit dem Zitronensaft mischen.

2 Forelle, Birne und Joghurt mit dem Pürierstab fein pürieren. Crème légère und Wasabi unterrühren und mit Salz und Pfeffer abschmecken. Die Kresse vom Beet schneiden und über den Dip streuen.

Zum Dippen eignen sich Rohkost oder japanisches Reisgebäck (Cracker). Richtig toll macht er sich **auf einem Avocado-Nashi-Teller.** Das in Spalten geschnittene Fruchtfleisch von 1 reifen Avocado und 1 Nashi-Birne in 2 EL Zitronensaft wenden. Mit 1 in dünne Scheiben geschnittenen, kleinen weißen Rettich auf einer Platte anrichten, salzen, pfeffern und mit Sesamsamen bestreuen. Den Forellen-Birnen-Dip in die Mitte geben.

indisch

LINSENDIP
MIT INGWER UND KÜRBIS

1 Glas süßsauer eingelegter Kürbis (ca. 330 g Füllgewicht)
1 Stück frischer Ingwer (ca. 2 cm)
75 g rote Linsen
je 1 Msp. Kurkuma- und Chilipulver
150 ml Gemüsebrühe
Salz | Pfeffer
1–2 Msp. Garam Masala (indische Würzmischung)
1–2 TL frisch gepresster Zitronensaft

Für 2 Personen | Zubereitung **30 Min. + Abkühlzeit**
Pro Person ca. **160 kcal, 10 g EW, 1 g F, 29 g KH**

1 Den Kürbis in ein Sieb abgießen, dabei den Sud auffangen. Den Ingwer schälen, möglichst fein würfeln und mit Linsen, Kurkuma, Chilipulver und Brühe in einen kleinen Topf geben. Zum Kochen bringen und die Linsen bei schwacher Hitze in ca. 25 Min. breiig weich kochen. Dabei nach und nach so viel Kürbissud dazugeben, dass die Linsen nicht anbrennen.

2 75 g Kürbis zu den Linsen geben und mit dem Pürierstab fein pürieren. Mit Salz, Pfeffer und Garam Masala würzen, abkühlen lassen. Den kalten Dip mit Zitronensaft abschmecken.

Passt gut zu gerösteten Pappadums (indische Knusperfladen) oder Fladenbrot. Oder zu **gebratenen Zucchini.** Dazu 1 Zucchino waschen, putzen und in schmale Scheiben schneiden. Diese mit 1 durchgedrückten Knoblauchzehe und Olivenöl bepinseln, salzen, pfeffern und anschließend in der Grillpfanne in 5–6 Min. braun braten.

erfrischend

SCHARFER GRÜNER KRÄUTERDIP

1 Zwiebel
2 Knoblauchzehen
2 grüne Chilischoten
3 Stängel Zitronengras
1 EL Sonnenblumenöl
2 EL Fischsauce (Asia-Regal)
Saft von 1/2 Limette
1 Bund Basilikum
1/2 Bund Schnittlauch
1/2 Bund Koriandergrün
Salz | Pfeffer
1/2 TL Zucker

Für 2 Personen | Zubereitung **20 Min. + Abkühlzeit**
Pro Person ca. **75 kcal, 2 g EW, 5 g F, 6 g KH**

1 Zwiebel und Knoblauch schälen und würfeln. Die Chilischoten halbieren, entkernen und fein hacken. Das Zitronengras waschen und mit dem Nudelholz anquetschen.

2 Das Öl in einem kleinen Topf erhitzen, Zwiebel, Knoblauch und Chili darin andünsten. Zitronengras, Fischsauce, Limettensaft und ca. 80 ml Wasser dazugeben, einmal aufkochen, dann offen bei schwacher Hitze ca. 5 Min. kochen lassen.

3 Inzwischen die Kräuter waschen, trocken schütteln und grob hacken. Den Sud vom Herd nehmen, das Zitronengras herausfischen. Die Kräuter dazugeben. Alles fein pürieren, mit Salz, Pfeffer und Zucker würzen und abkühlen lassen.

Passt zu gebratenem Fisch oder zu **Glücksröllchen.** 4 Blätter Reispapier (Asienladen) einzeln in kaltem Wasser einweichen, bis sie weich sind, dann auf einem feuchten Geschirrtuch auslegen. Je 1 großes Kopfsalatblatt auf die Blätter legen, darauf 6 in Streifen geschnittene Scheiben Roastbeef, 50 g gewürfelte Gurke und 1 geraspelte Möhre verteilen. Die Blätter zur Hälfte aufrollen, an den Seiten einschlagen und zu Ende rollen. Zum Dippen einmal durchschneiden.

WAS IST FISCHSAUCE?

Sie wird aus fermentierten Sardellen hergestellt und in Asien anstelle von Salz verwendet. Stattdessen kann man auch helle Soja-sauce nehmen.

SOMMERGEMÜSE-DIP MIT PARMESAN

mediterran

1 reife Tomate
1/2 rote Paprikaschote
1 Stange Staudensellerie
1 Knoblauchzehe
1 TL Olivenöl
1 EL Sherry (nach Belieben)
Salz | Pfeffer
1 TL Kapern
je 3 Stängel Petersilie und Basilikum
2 EL Magerquark
1 EL frisch geriebener Parmesan

Für 2 Personen | Zubereitung **40 Min.** | Pro Person **ca. 70 kcal, 3 g EW, 4 g F, 4 g KH**

1 Das Gemüse waschen, putzen und getrennt in kleine Würfel schneiden. Den Knoblauch schälen und hacken. Das Olivenöl in einer Pfanne heiß werden lassen. Paprika und Sellerie darin anbraten, bis sie leicht bräunen. Knoblauch, Tomate und nach Belieben Sherry dazugeben. Alles salzen, pfeffern und bei schwacher Hitze ca. 6 Min braten, dabei gelegentlich umrühren.

2 Das Gemüse abkühlen lassen. Inzwischen die Kapern grob hacken. Die Kräuter waschen, trocken schütteln und fein hacken. Das Gemüse mit Kapern, Quark und Parmesan mit dem Pürierstab cremig pürieren. Die Kräuter unterrühren und den Dip servieren.

Schmeckt zu Fladenbrot oder Ciabatta und toll als Vorspeise auf **Knoblauch-Röstbrot.** 4 dickere Scheiben italienisches Weißbrot im Toaster oder im Backofen bei 250° (Mitte, Umluft 220°) ca. 5 Min. rösten. Sofort heiß mit einer halbierten Knoblauchzehe abreiben und eventuell mit etwas Olivenöl beträufeln. Dann mit 1 Klecks Dip darauf servieren.

Unsere Garantie

Alle Informationen in diesem Ratgeber sind sorgfältig und gewissenhaft geprüft. Sollte dennoch einmal ein Fehler enthalten sein, schicken Sie uns das Buch mit dem entsprechenden Hinweis an unseren Leserservice zurück. Wir tauschen Ihnen den GU-Ratgeber gegen einen anderen zum gleichen oder ähnlichen Thema um.

Liebe Leserin und lieber Leser,

wir freuen uns, dass Sie sich für ein GU-Buch entschieden haben. Mit Ihrem Kauf setzen Sie auf die Qualität, Kompetenz und Aktualität unserer Ratgeber. Dafür sagen wir Danke! Wir wollen als führender Ratgeberverlag noch besser werden. Daher ist uns Ihre Meinung wichtig. Bitte senden Sie uns Ihre Anregungen, Ihre Kritik oder Ihr Lob zu unseren Büchern. Haben Sie Fragen oder benötigen Sie weiteren Rat zum Thema? Wir freuen uns auf Ihre Nachricht!

Wir sind für Sie da!
Montag – Donnerstag: 8.00 – 18.00 Uhr;
Freitag: 8.00 – 16.00 Uhr
Tel.: 0180-5 00 50 54*
Fax: 0180-5 01 20 54*
E-Mail:
leserservice@graefe-und-unzer.de

*(0,14 €/Min. aus dem dt. Festnetz/ Mobilfunkpreise können abweichen.)

P.S.: Wollen Sie noch mehr Aktuelles von GU wissen, dann abonnieren Sie doch unseren kostenlosen GU-Online-Newsletter und/oder unsere kostenlosen Kundenmagazine.

GRÄFE UND UNZER VERLAG
Leserservice
Postfach 86 03 13
81630 München

Die Autorin

Tanja Dusy war nach dem Studium der Germanistik zunächst fürs Fernsehen tätig, bevor sie ihre Neigung zum Beruf machte: Seit 2001 ist sie Redakteurin und Autorin für GU.

Der Fotograf

Klaus-Maria Einwanger ist selbstständiger Fotograf in Rosenheim. Vor Ort und im Ausland arbeitet er für Zeitschriften, Buchverlage und Werbeagenturen. Kreativ setzt er dabei Food-Spezialitäten aus aller Welt perfekt ins Bild. Fürs Foodstyling in diesem Buch war **Sven Dittmann** zuständig.

Bildnachweis

Alle Bilder Klaus-Maria Einwanger, Rosenheim

Die Temperaturangaben bei Gasherden variieren von Hersteller zu Hersteller. Welche Stufe Ihres Herdes der jeweils angegebenen Temperatur entspricht, entnehmen Sie bitte der Gebrauchsanweisung. Bei Elektroherden können die Backzeiten je nach Herd variieren.

© 2008 GRÄFE UND UNZER VERLAG GmbH, München

Alle Rechte vorbehalten. Nachdruck, auch auszugsweise, sowie Verbreitung durch Film, Funk, Fernsehen und Internet, durch fotomechanische Wiedergabe, Tonträger und Datenverarbeitungssysteme jeglicher Art nur mit schriftlicher Genehmigung des Verlages.

Programmleitung: Doris Birk
Leitende Redakteurin: Stephanie Wenzel
Redaktion: Stefanie Poziombka
Lektorat: Adelheid Schmidt-Thomé
Korrektorat: Mischa Gallé
Layout, Typographie und Umschlaggestaltung: Lucie Schmid, independent Medien-Design, München
Illustrationen Seite 4, 48 und U3: Harold Lazaro, Backyard10, München; außer S. 4 vierte von oben: Betti Trummer, Karlsruhe
Satz: Filmsatz Schröter, München
Herstellung: Gloria Pall
Reproduktion: Penta Repro, München
Druck und Bindung: Druckhaus Kaufmann, Lahr

ISBN 978-3-8338-0904-0

1. Auflage 2008

GRÄFE UND UNZER

Ein Unternehmen der
GANSKE VERLAGSGRUPPE

GU Just Cooking

Preis je Band: 4,90 € [D]

Die brandneuen »Klein, aber oho!«-Kochbücher

ISBN 978-3-8338-0906-4
48 Seiten

ISBN 978-3-8338-0954-5
48 Seiten

ISBN 978-3-8338-0666-7
48 Seiten

ISBN 978-3-8338-0665-0
48 Seiten

ISBN 978-3-8338-0905-7
48 Seiten

ISBN 978-3-8338-0670-4
48 Seiten

Änderungen und Irrtum vorbehalten

Das macht sie so besonders:

- **Einfach einsteigen** – mit ein, zwei Happen Küchenpraxis
- **Einfach loskochen** – mit gelingsicheren Rezepten

G|U

Willkommen im Leben.

küchengötter.de

powered by GU

Einfach göttlich kochen und himmlisch speisen? Die passenden Rezepte, Küchentipps und -tricks in Wort und Film finden Sie ganz einfach unter:

www.küchengötter.de

ÜBER DEN TELLERRAND

 **1 Wer war's?** Der französischen Küche verdanken wir viele großartige, aber nicht eben immer schlanke Saucen. Auch die klassische Sauce zu Spargel, die Hollandaise, erblickte nicht in den Niederlanden, sondern in Isigny-sur-Mer, einem Zentrum der französischen Butterherstellung, als »Sauce Isigny«, das Licht der Welt. Erst, als man nach dem 1. Weltkrieg preiswerte Butter aus Holland importierte, wurde sie zur »Holländischen Sauce«.  **2 Dicke Schwestern** Ähnlich wie die Hollandaise besteht die kalt gerührte Mayonnaise aus Eigelb und bis zu satten 65 % Fett in Form von Öl. Trotzdem verputzt eine durchschnittliche deutsche Familie laut Statistik zwei Kilo pro Jahr davon. Also statt Pommes rot-weiß, besser nur noch Ketchup?  **3 Zwanzig gesunde Tomaten** stecken immerhin in circa einem Liter Ketchup. Dafür aber auch bis zu 300 g Zucker. Deshalb stoppte auch ein US-Gericht 1981 den Antrag eines Finanzexperten in Ronald Reagans Regierung, der, um die Kosten bei Schulspeisungen zu senken, billiges Ketchup kurzerhand zu Gemüse deklarieren wollte.  **4 Frisches Grün** ist